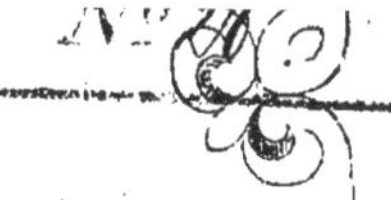

LOI ESPAGNOLE

NOUVELLE

SUR LES PATENTES D'INVENTION

PRÉCÉDÉE D'UN PRÉAMBULE

Par D.-A. CASALONGA

Ingénieur-Conseil en Matière de Brevets d'Invention
en France et à l'Étranger

15, Rue des Halles, — 11, Rue des Déchargeurs

PARIS

PRIX : 2 Francs

CHARLEVILLE
TYPOGRAPHIE ET LITHOGRAPHIE DE A. POUILLARD

1878

LOI ESPAGNOLE

NOUVELLE

SUR LES PATENTES D'INVENTION

PRÉCÉDÉE D'UN PRÉAMBULE

Par D.-A. CASALONGA

LOI ESPAGNOLE

NOUVELLE

SUR LES PATENTES D'INVENTION

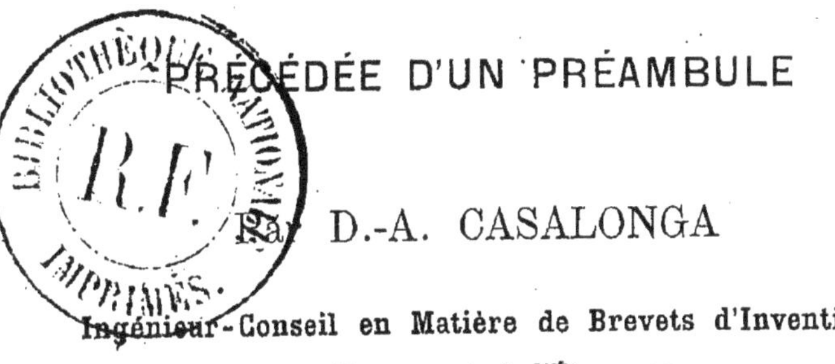

PRÉCÉDÉE D'UN PRÉAMBULE

Par D.-A. CASALONGA

Ingénieur-Conseil en Matière de Brevets d'Invention
en France et à l'Étranger

15, Rue des Halles, — 11, Rue des Déchargeurs

PARIS

PRIX : 2 Francs

CHARLEVILLE

TYPOGRAPHIE ET LITHOGRAPHIE DE A. POUILLARD

1878

PRÉAMBULE

Le 24 mai 1878, le Congrès des Députés espagnols, remettait au Sénat, à Madrid, un projet de loi sur les patentes d'invention. Nous nous empressâmes de traduire ce projet de loi et d'en commencer la publication dans notre journal la *Chronique Industrielle.* Nous espérions qu'en le divulguant ainsi, pendant une Exposition Universelle, à la veille d'un Congrès international, où les hommes compétents de tous les pays devaient s'occuper de toutes les questions relatives à la *propriété industrielle,* nous aurions pu provoquer et faire parvenir aux Législateurs espagnols quelques indications utiles.

Mais à peine avions nous commencé cette publication, que nous recevions le texte officiel de la loi même, définitivement élaborée, sanctionnée par le Sénat, et soumise par lui à la signature du Roi, qui en ordonnait la publication et la mise en vigueur à la date du 21 juillet 1878, dans *toutes les possessions du royaume.*

Nous ne pouvons méconnaître que cette loi n'ait été sérieusement et attentivement méditée et qu'elle ne renferme des clauses bien entendues. Mais nous ne saurions taire non plus l'étonnement que nous a causé la précipitation mise par nos voisins à voter une loi que, pour plus d'un motif, ils auraient pu convenablement ajourner à la clôture de l'Exposition Universelle de Paris et à celle des Congrès internationaux qui y ont eu lieu.

Aussi, à ces Congrès où figuraient les Ingénieurs et les Jurisconsultes de tous les pays d'Europe et d'Amérique, et qui tous ont pris part aux débats, nous n'avons pas entendu s'élever une seule voix espagnole.

Le législateur, en Espagne, a adopté cependant les bases, sans l'avertissement préalable, de la loi belge pour la durée de la patente et pour ce qui concerne la quotité et la progressivité des taxes, bases que nous avons toujours reconnues comme très-libérales.

Mais il exclut du brevet (art. 9) : 1° Les résultats ou les produits des machines et procédés, à moins, qu'étant nouveaux ils constituent une nouvelle branche d'industrie pour le pays.... 4° Les préparations pharmaceutiques et médicamenteuses.

La première exclusion ne semble ni bien fondée ni bien claire et paraît émaner de la loi allemande.

Quant à la seconde, admise par notre loi française et plusieurs législations étrangères, le Congrès international de Paris l'a catégoriquement repoussée, admettant au brevet tous les produits alimentaires ou pharmaceutiques quelconques, et c'est justice.

Les patentes d'invention sont, en Espagne, sagement exemptes de tout examen préalable et délivrées sans aucune garantie de leur nouveauté et de leur utilité.

La loi nouvelle admet deux durées distinctes pour le privilége d'invention. L'une de 20 ans en faveur de l'inventeur véritable pour une invention nouvelle. L'autre de 5 ans en faveur de tout inventeur véritable, mais dont l'invention n'est plus nouvelle, ou même en faveur de toute autre personne que l'inventeur, laquelle est alors un importateur. Une durée de 10 ans peut être accordée à l'inventeur véritable, si, son invention étant connue, son brevet étranger n'a pas plus de 2 ans de date; disposition équitable empruntée à la législation des Etats-Unis.

On ne voit pas, quant à présent, si par inventeur véritable, la loi entend tout *ayant droit*, soit au brevet étranger d'origine, soit aux autres brevets ultérieurs.

Il y a peu à dire des formalités nécessaires à l'obtention des patentes et à leurs modes de publication, n'était qu'il eût été désirable, pour les inventeurs, que l'Espagne eût donné l'exemple de la suppression de ces pouvoirs consulaires qui donnent lieu à des formalités dispendieuses de temps et d'argent, et dont l'utilité est tout à fait contestable, sauf au point de vue fiscal.

Les certificats d'addition sont admis dans la loi espagnole, avec préférence pour l'inventeur sur tout autre personne qui, *simultanément*, solliciterait une patente pour le même objet. Il paraît difficile qu'il puisse arriver que l'inventeur et une autre personne puissent déposer, en *même temps*, une *même demande* pour *un même* objet. On peut donc admettre qu'il n'y a aucune préférence réelle pour l'inventeur, puisque aucun délai en sa faveur n'est stipulé.

Un des avantages de la loi espagnole, sur la loi française de 1844, est de ne pas exiger le payement intégral des taxes en cas de cession.

Par contre elle a de commun avec cette loi l'obligation d'exploiter l'objet du brevet dans le délai de deux ans, à partir du jour de la délivrance du titre.

Cette obligation est aujourd'hui assez généralement considérée, par les hommes spéciaux, comme nuisible à la fois aux intérêts de l'inventeur et du pays.

Remarquons que dans la loi espagnole, comme du reste dans la loi belge et la loi autrichienne, c'est l'administration, par l'entremise du directeur du Conservatoire des Arts, à Madrid, qui apprécie et juge le fait d'exploitation, et non pas les tribunaux, comme cela a lieu en France.

Relativement à l'introduction faite de l'étranger, de l'objet du breveté, il n'est fait aucune mention restrictive. Cette introduction est donc permise à l'inventeur, sous la réserve toutefois d'exploiter dans le délai de deux ans, et de ne pas rester inexploitant pendant plus d'un an. Par exploitation on semble entendre, non pas simplement la vente, comme en Belgique, mais la fabrication. Cependant la pensée du législateur ne ressort pas précise du texte en ce qui concerne ce point essentiel.

La nouvelle loi stipule que les actions relatives aux brevets d'invention, seront civiles ou criminelles (correctionnelles), comme en France. Toutefois l'amende seule est indiquée, et la prison n'est appliquée qu'aux insolvables.

En outre on y voit apparaître la pensée de l'organisation spéciale d'un Jury industriel, dont nous avons sans cesse préconisé nous-même l'application, sans exclusion toutefois de l'élément juridique.

Ce jury, il est vrai, n'est pas encore défini ni organisé dans la loi espagnole ; mais ce n'est qu'en attendant son organisation prochaine que les actions relatives aux brevets d'invention, sont déférées aux tribunaux ordinaires.

En attendant que la loi spéciale qui vient de surgir de l'autre côté des Pyrénées, et que nous donnons ci-après *in-extenso*, ait donné lieu, par une application suivie, à un commencement de jurisprudence, nous engageons nos lecteurs intéressés à se bien pénétrer de l'esprit de cette loi. Les formalités à accomplir y sont bien expliquées. Il suffit de limiter à un objet unique la demande de patente, — à payer chaque annuité avant le jour anniversaire de chaque échéance, — à exploiter *efficacement* dans les deux premières années, — à ne pas rester plus d'un an sans exploiter l'objet du brevet.

LOI ESPAGNOLE

NOUVELLE

SUR LES PATENTES D'INVENTION

TITRE Ier

DISPOSITIONS GÉNÉRALES

ARTICLE 1er. — Tout Espagnol ou étranger, prétendant à établir, ou ayant établi une industrie nouvelle, dans le royaume d'Espagne, aura le droit à l'exploitation exclusive de son industrie pendant un certain nombre d'années, aux règles et conditions prévues par cette loi.

ART. 2. — Le droit mentionné dans l'article précédent s'acquiert par l'obtention d'un brevet d'invention (*patenta de invencion*).

ART. 3. — Peuvent former l'objet d'un brevet :

Les machines, instruments, procédés ou opérations mécaniques ou chimiques, qui, en partie ou en totalité, constituent des inventions nouvelles, ou qui, sans ces conditions, ne sont pas encore établies ou pratiquées de la même manière dans les possessions espagnoles;

Les produits ou résultats nouveaux industriels, obtenus par des moyens nouveaux ou connus, pourvu que leur exploitation constitue une branche de l'industrie dans le pays.

ART. 4. — Les brevets se rapportant anx produits ou résultats indiqués dans la seconde partie de l'article précédent ne pourront invalider d'autres brevets concernant les objets auxquels se rapporte le premier paragraphe de l'article précédent, et qui servent à obtenir les mêmes produits.

ART. 5. — Sera considéré comme nouveau et formant objet de l'art. 3 de cette loi, tout ce qui n'est ni connu, ni établi ou appliqué dans les terres espagnoles ou à l'étranger.

ART. 6. — Le droit conféré par le brevet, ou celui qui dérive des démarches faites pour l'obtention du dit brevet, pourra se transmettre en tout ou en partie, par tout moyen établi dans les lois concernant la propriété particulière.

ART. 7. — Le brevet d'invention pourra être concédé à un seul individu ou à plusieurs, ou à une société, soit nationale ou étrangère.

ART. 8. — Chaque brevet sera considéré comme valable, non-seulement pour la Péninsule et les îles adjacentes, mais aussi pour les provinces d'outre-mer.

ART. 9. — Ne pourront pas former l'objet d'un brevet :

1° Le résultat ou produit des machines, appareils, instruments, procédés ou opérations, dont traite le premier paragraphe de l'art. 3, s'ils ne sont pas compris dans le second paragraphe du même article;

2° L'emploi des produits naturels;

3° Les principes ou découvertes scientifiques en tant qu'ils restent confinés dans la sphère de la spéculation abstraite, et ne se traduisent pas en machine, appareil, instrument, procédé ou opération mécanique ou chimique d'un caractère pratique et industriel;

4° Les produits de pharmacie ou de médecine;

5° Les projets de combinaisons de crédit ou de finance.

ART. 10. — Aucun brevet ne devra se rapporter à plus d'un seul objet industriel.

ART. 11. — Les brevets d'invention sont délivrés sans examen préalable de la nouveauté ou de l'utilité; en conséquence ils ne pourront, en aucun cas, être considérés comme des déclarations ou des qualifications de nouveauté ou d'utilité de l'objet auquel ils ont rapport. Toutes déclarations de cette espèce concernent l'intéressé qui sera responsable pour elles et restent soumises aux prescriptions de cette loi.

TITRE II

DE LA DURÉE DE LA TAXE DES BREVETS

Art. 12. — La durée des brevets d'invention sera de vingt ans sans prolongation, dans le cas d'objets nouveaux brevetés par le véritable inventeur.

Pour tout ce qui ne sera pas du véritable inventeur, ou qui l'étant ne sera pas nouveau, la durée sera seulement de cinq ans sans prolongation.

On concédera, néanmoins, une durée de dix ans, sans prolongation, pour tout objet de propre invention, même quand l'inventeur véritable a déjà obtenu un brevet pour le même objet dans un ou plusieurs pays étrangers, pourvu que la demande en Espagne soit faite avant l'expiration des deux années, après que la première demande de brevet étranger a été accordée.

Art. 13. — Pour être autorisé à faire usage des droits d'un brevet, on sera tenu de payer une taxe annuelle et progressive comme suit : 10 pesetas pour la première année, 20 pesetas pour la deuxième, 30 pesetas pour la troisième, et ainsi de suite jusqu'à la cinquième, dixième ou vingtième année, où la taxe sera respectivement de 50, 100 et 200 pesetas (ou francs).

Art. 14. — Les taxes annuelles dont parle l'article précédent, se payent à l'avance et en aucun cas on ne sera dispensé de ce payement.

TITRE III

FORMALITÉS POUR L'OBTENTION DES BREVETS

Art. 15. — Toute personne qui désire obtenir un brevet d'invention, adressera au bureau du gouvernement civil de la province où elle est domiciliée, ou bien de la province où elle a élu domicile à cet effet :

1° Une demande au ministre du commerce, dans laquelle est indiqué l'*objet unique* du brevet ; de plus, si cet objet est nouveau et de sa propre invention ; enfin son domicile ou celui de son mandataire. Dans ce dernier cas, on annexera le pouvoir à la demande. Cette dernière ne devra contenir aucune condition, restriction ou réserve;

2° Un mémoire en double, contenant la description de la machine, appareil, instrument, procédé ou opération mécanique ou chimique, faisant l'objet du brevet, le tout exposé avec la plus grande clarté possible, de sorte qu'il ne puisse jamais s'élever un doute sur l'objet, ou sur la particularité qui est présentée comme étant nouvelle et de sa propre invention, ou comme n'étant pas encore pratiquée ou établie de la même manière dans le pays. A la fin du mémoire, on formera une note indiquant d'une manière claire, distincte et précise, quels sont la partie, le mouvement, le mécanisme, l'opération, le procédé ou la matière, que l'on présente comme étant l'objet du brevet; lequel ne consistera que dans le contenu de cette note. Le mémoire sera écrit en espagnol, sans abréviations, corrections ou *râtures* quelconques. Les pages doivent être numérotées. Les indications de poids et mesures seront celles du système métrique décimal. Le mémoire ne doit contenir ni conditions, ni restrictions, ni réserves;

3° Les dessins, échantillons ou modèles que l'intéressé considérera comme indispensables pour l'intelligence du mémoire descriptif, le tout en double. Les dessins seront faits sur *papier* toile, tracés à l'encre de Chine, et *d'après* une échelle métrique décimale;

4° La taxe, en papier de l'État, correspondante à la première annuité;

5° Un bordereau signé, de tous les documents ou objets annexés. Ce bordereau, ainsi que tous les documents et objets annexés, doit également être signé par le demandeur ou son mandataire.

ART. 16. — Le secrétaire du gouvernement civil, en recevant les documents et objets dont parle l'article précédent, portera sur un registre spécial, le jour, l'heure et la minute de la présentation. Il signera au bas du bordereau avec l'intéressé ou son mandataire, et délivrera le reçu correspondant. Le même secrétaire fermera et scellera la boîte ou l'enveloppe, contenant les deux exemplaires du mémoire, des dessins, des échantillons ou des modèles; il écrira au-dessous de la suscription que porte la boîte ou l'enveloppe : « Présenté tel jour de tel mois à telle heure et tant de minutes. » Il signera cette notice et il y appliquera le cachet officiel. La note du registre de présentation, indiquant le jour, l'heure et la minute du dépôt de la demande, établit le droit de priorité.

ART. 17. — Dans un délai, n'excédant pas de cinq jours la date de la présentation de la demande et des objets mentionnés, les gouverneurs civils remettront au directeur du Conservatoire des Arts, à Madrid, la demande accompagnée : des documents et objets annexés; d'un certificat délivré par le secrétaire et pourvu du visa du gouverneur; de l'acte d'enregistrement et de constatation du contenu de la boîte ou de l'enveloppe. Les frais de port seront à la charge de l'intéressé.

ART. 18. — Le secrétaire du Conservatoire des Arts, examinera le contenu de la boîte ou du pli; et au bas de l'attestation dont parle l'article précédent, dressera et signera, sous le sceau officiel, une mention déclarant la conformité ou indiquant ce qui pourrait manquer.

ART. 19. — Le secrétaire du Conservatoire procédera immédiatement à la comparaison des deux exemplaires du mémoire et des dessins ou modèles, dans l'unique but de s'assurer de leur identité; et ayant trouvé le tout conforme l'un à l'autre et à la note dont il s'agit dans l'article 15, 2°, écrite au bas du mémoire, le secrétaire dressera et signera à la suite de chacun des exemplaires, la déclaration que tout est en règle en apposant le timbre officiel.

En cas d'irrégularités dans l'ensemble des documents, ces irrégularités seront constatées dans la procédure et elles devront être rectifiées par les mêmes intéressés ou leurs représentants auxquels on concède un délai de deux mois à compter de la présentation de la demande auprès du gouvernement de la province, si celle-ci forme partie de la Péninsule ou des îles adjacentes; le délai sera de quatre mois pour les îles Canaries, et de huit mois pour les îles Philippines. Ces délais ne pourront être prolongés; et s'ils s'écoulent sans que l'expéditeur ait corrigé les fautes, la demande sera considérée comme n'ayant pas eu lieu.

ART. 20. — Après avoir rempli les prescriptions des deux articles précédents, le directeur du Conservatoire des Arts, tout en considérant l'article 17 de cette loi, remettra au ministre du commerce la demande, accompagnée d'un mémoire, dans lequel il sera dit :

1° Si la forme de la demande est conforme à la teneur de l'article 15 ;

2° Si le mémoire et les dessins, échantillons ou modèles, le tout en double, ainsi que le montant de la taxe, ont été reçus ;

3° Si les originaux et duplicata des mémoires, dessins, échantillons ou modèles, sont parfaitement conformes entre eux ;

4° Si l'objet du brevet est compris dans l'un des cas prévus à l'article 9 ;

5° Si ensuite du tout, la demande paraît devoir être concédée ou refusée.

ART. 21. — S'il y a lieu d'accueillir favorablement la demande, le ministère du commerce préviendra le directeur du Conservatoire des Arts, qui publiera cette résolution dans la *Gazette de Madrid,* et dans le délai fixe d'un mois, à compter du jour de la publication, l'intéressé ou son représentant se présentera au Conservatoire des Arts pour payer le coût du papier timbré sur lequel doit être établi le brevet. Si le montant n'est pas versé dans le délai mentionné, la demande de brevet sera considérée comme nulle et non avenue.

ART. 22. — Après la vérification du versement, dont traite l'article précédent, le directeur du Conservatoire des Arts en préviendra le ministre du commerce; celui-ci expédiera immédiatement le brevet d'invention et le remettra au Conservatoire des Arts, dont le directeur l'enverra au gouverneur de la province d'où l'expédition de la demande et l'enregistrement ont eu lieu, conformément à l'article 10 ; le secrétaire du Conservatoire prendra note du brevet dans un registre spécial, et le brevet sera délivré à l'intéressé ou à son représentant contre un reçu qui sera annexé à la procédure.

ART. 23. — En tête du brevet, il sera imprimé, en caractères plus grands, que les plus grands employés dans le corps du titre, la mention suivante : « Brevet d'invention, sans la garantie du gouvernement, en ce qui concerne la nouveauté, la convenance et l'utilité de l'objet sur lequel le dit brevet repose. »

Art. 24. — Le secrétaire du Conservatoire des Arts remettra encore, contre un reçu, à l'intéressé ou à son représentant, et simultanément avec le brevet, un des deux exemplaires du mémoire et des dessins, échantillons ou modèles annexés, et le tout sera considéré comme faisant partie du brevet, ainsi qu'il est mentionné dans le titre.

Art. 25. — Le registre spécial pour l'inscription des brevets, au bureau du Conservatoire des Arts, sera à la disposition du public pendant les heures qui seront fixées par le directeur. Les dates de ce registre feront foi devant les tribunaux.

TITRE IV

DE LA PUBLICATION DES BREVETS CONCÉDÉS ET DE LA PUBLICATION DES DESCRIPTIONS, DESSINS, ÉCHANTILLONS OU MODÈLES

Art. 26. — Le directeur du Conservatoire des Arts remettra à la *Gazeta de Madrid* dans la seconde quinzaine des mois de janvier, avril, juillet et octobre, pour être publiés immédiatement dans ce journal officiel, un catalogue de tous les brevets concédés pendant le trimestre précédent, et dont le titre indiquera clairement l'objet de chacun des brevets concédés. Les gouverneurs de province veilleront à ce que ces catalognes soient reproduits dans les bulletins officiels aussitôt après leur apparition dans la *Gazeta*.

Art. 27. — Les mémoires, dessins, échantillons et modèles, relatifs aux brevets, seront à la disposition du public dans le bureau du Conservateur des Arts, pendant les heures fixées par le directeur. Toute personne désirant obtenir des copies, pourra se les procurer à ses propres frais, après avoir toutefois sollicité la permission du directeur, qui, en l'accordant, fixera la place, les jours et les heures pour la vérification.

Art. 28. — A l'expiration de la durée des brevets, les mémoires, dessins, échantillons et modèles resteront au Conservatoire des Arts, et tout ce qui en sera jugé digne, fera partie de son Musée.

TITRE V

DES CERTIFICATS D'ADDITION

Art. 29. — Le possesseur d'un brevet d'invention, ou son ayant-droit, aura le droit, pendant la durée de la concession, de faire à l'objet de son brevet les changements, modifications ou additions qu'il jugera convenables, et ses modifications auront la préférence sur toute autre personne qui solliciterait en même temps un brevet pour l'objet sur lequel repose le changement, la modification ou l'addition.

Ces changements, modifications ou additions seront constatés par des certificats d'addition, délivrés de la même manière et avec les mêmes formalités que pour le brevet principal, et suivant les indications de l'article 15.

Art. 30. — Celui qui sollicitera un certificat d'addition, sera tenu de verser le montant de 25 pesetas, une fois pour toutes.

Art. 31. — Le certificat d'addition est un accessoire du brevet principal, et donne lieu, depuis sa date, aux mêmes droits que le brevet principal. Le certificat d'addition expire en même temps que le brevet principal.

TITRE VI

DE LA CESSION ET DE LA TRANSMISSION DES DROITS CONFÉRÉS PAR LES BREVETS

Art. 32. — Toute cession totale ou partielle des droits, conférés par un brevet ou par un certificat d'addition, à titre gratuit ou onéreux, et tout autre acte entraînant une modification des droits primitifs, doit s'opérer indispensablement par un acte public, contenant l'attestation d'un certificat du secrétaire du Conservatoire des Arts, visé par le directeur, et témoignant que les taxes prescrites par la loi ont été versées, et que le cessionnaire peut disposer du brevet ou du certificat d'addition en raison de l'inscription sur le registre officiel.

Art. 33. — Aucun acte de cession ou autre, entraînant une modification des droits, ne pourra avoir effet légal, à l'égard des tiers, que s'il a été enregistré au bureau du gouvernement civil de la province, où la première demande a eu lieu.

Art. 34. — L'enregistrement des cessions et de tous les actes qui comportent modification du droit, s'effectueront par la présentation et la remise au secrétariat du gouverneur de la province respective, d'une copie authentique de l'acte ou contrat de cession ou de modification de droits. Sur cette copie authentique, le secrétaire annotera la date et le numéro de folio du registre.

Art. 35. — Le gouverneur civil de la province, où s'effectuera l'enregistrement de la cession ou de tout autre acte ou contrat, entraînant une modification du droit de propriété, expédiera au directeur du Conservatoire des Arts, dans les vingt jours suivants, une copie, certifiée par le secrétaire et visée par le gouverneur, du contrat ou de la cession ou de la modification inscrite dans le registre du secrétariat.

Art. 36. — Le secrétaire du Conservatoire des Arts inscrira dans le registre spécial des brevets toutes les modifications ou cessions de droit se rapportant à chacun des brevets; conformément à la copie authentique de l'acte ou contrat de cession qui sera annexé.

Art. 37. — Le directeur du Conservatoire des Arts transmettra à la *Gazeta de Madrid*, en même temps que le rapport dont parle l'article 26, toutes les modifications de droit apportées aux brevets.

TITRE VII

CONDITIONS AUXQUELLES L'EXERCICE D'UN BREVET EST SOUMIS

ART. 38. — Le propriétaire d'un brevet d'invention, ou d'un certificat d'addition, sera tenu de notifier au directeur du Conservatoire des Arts, avant l'expiration de deux années, à compter de la date du brevet ou du certificat, qu'il a mis en pratique son invention et qu'une industrie nouvelle a pris naissance dans les terres espagnoles. Le délai de deux années dans lequel cette mise en pratique doit être effectuée, ne pourra être prorogé que par une loi spéciale, et pour un terme additionnel de six mois.

ART. 39. — Le directeur du Conservatoire des Arts, par lui-même ou par l'intermédiaire d'un ingénieur industriel ou d'une autre personne compétente déléguée à cet effet, s'assurera du fait et indiquera les modifications qu'il jugera nécessaires pour le salut public; et dans ce but il sera autorisé à solliciter la coopération des autorités ou corporations publiques, qui doivent s'y prêter de la manière la plus efficace et par tous les moyens dont elles disposent.

ART. 40. — Quand le directeur du Conservatoire des Arts jugera que la mise en pratique correspond suffisamment à l'invention brevetée, il en informera le ministre du commerce.

ART. 41. — Les frais occasionnés par les recherches pour s'assurer que l'objet du brevet ou du certificat d'addition a été mis en pratique, et qu'une nouvelle industrie a été établie, seront à la charge de l'intéressé qui, cependant, ne sera tenu d'en effectuer le payement qu'autant qu'ils auront été approuvés par le directeur du Conservatoire des Arts.

ART. 42. — Le directeur du Conservatoire des Arts veillera à ce que son secrétaire transcrive, sur le registre des brevets, le procès-verbal résultant de l'enquête sur la mise en pratique, et à ce que ce procès-verbal soit communiqué au gouverneur de la province respective.

TITRE VIII

DE LA NULLITÉ ET DE LA DÉCHÉANCE DES BREVETS

Art. 43. — Seront annulés les brevets d'invention :

1° Quand il sera constaté que les caractères de propre invention et de nouveauté ne sont pas suffisament établies, et que l'invention, dans ses conditions essentielles, a déjà été pratiquée dans les terres espagnoles :

2° Quand il ressortira que l'objet du brevet est contraire à l'ordre ou à la sécurité publique, aux bonnes mœurs ou aux lois du pays;

3° Quand l'objet du brevet demandé différera de celui qu'on fabriquera réellement en vertu du dit brevet;

4° Quand il sera démontré que le mémoire descriptif ne contient pas le nécessaire pour pouvoir comprendre et exécuter l'objet du brevet; qu'il n'indique pas d'une manière complète les vrais moyens de construction ou d'exécution.

Art. 44. — La demande d'invalidation d'un brevet devant les tribunaux doit être faite par une personne ou un parti y ayant intérêt.

Le ministère public pourra cependant demander la nullité, si le brevet tombe sous l'alinéa 2 de l'article 43.

Art. 45. — Dans le cas d'annulation en raison de l'article 43, seront de même nuls et de nul effet les certificats d'additions se rapportant au brevet principal.

Art. 46. — Seront déchus les brevets d'invention :

1° Quand le temps, accusé dans le brevet, sera écoulé ;

2° Quand le possesseur aura négligé de payer les annuités avant le commencement de chaque année de la durée;

3° Quand l'objet du brevet ne sera pas mis en pratique dans le terme prescrit par l'article 38 ;

4° Quand le possesseur aura cessé, pendant une année et un jour, d'exploiter le brevet, à moins que cela ne soit justifié par une force majeure.

Art. 47. — La déclaration de nullité des brevets, en vertu des alinéas 1°, 2° et 3° de l'article 46, sera prononcée par le ministre du commerce, avisé par le directeur du Conservatoire des Arts. Contre la résolution définitive du ministre, reste l'appel au Conseil d'Etat dans un délai de trente jours. La déclaration de nullité d'un brevet, compris dans le cas 4° de l'article 46, est du ressort des tribunaux de première instance.

Art. 48. — Le directeur du Conservatoire des Arts, ayant veillé à ce que les transcriptions voulues soient faites dans le registre des brevets, expédiera à la *Gazeta de Madrid*, simultanément avec les catalogues mentionnés dans l'article 26, les déclarations d'annulation en vertu de résolutions du ministre du commerce.

Les gouverneurs civils veilleront à ce que ces déclarations et rapports soient reproduits dans les bulletins officiels de leurs provinces; et que dans les registres des brevets de leurs secrétariats respectifs se fassent les annotations y relatives.

TITRE IX

DE L'USURPATION ET FALSIFICATION DES BREVETS ET DES PEINES S'Y RAPPORTANT

Art. 49. — Sera considérée comme usurpateur de brevets, toute personne qui, ayant connaissance de l'existence d'un brevet, porte atteinte aux droits du possesseur légitime, soit par la fabrication, soit en employant les mêmes moyens, qui forment l'objet du brevet.

Seront considérés comme complices, tous ceux qui, avec conscience et connaissance, contribueront à la fabrication, à exécution ou à la vente des produits obtenus d'après le brevet usurpé.

Art. 50. — L'usurpation d'un brevet sera punie par une amende de 201 à 2,000 pesetas (francs).

En cas de récidive, l'amende sera de 2,001 à 4,000 pesetas. La récidive aura lieu lorsque le coupable aura été condamné, pour le même délit, dans les cinq ans passés. La complicité dans l'usurpation sera punie d'une amende de 50 à 200 pesetas. Et en cas de récidive, d'une amende de 201 à 2,000 pesetas. Tous les produits résultant de l'usurpation d'un brevet, seront remis au vrai possesseur, et, de plus, ce dernier aura droit à une indemnité. Les insolvables seront, en outre, soumis à la peine de la prison, conformément à l'article 50 du code pénal.

Art. 51. — Les falsificateurs des brevets seront poursuivis, conformément au chapitre 4, livre 2 du code pénal.

Art. 52. — La poursuite du délit d'usurpation n'aura lieu qu'à la demande et sur la dénonciation de la partie lésée.

TITRE X

DE LA JURIDICTION EN MATIÈRE DE BREVETS

Art. 53. — Les actions civiles et criminelles (correctionnelles), se rapportant aux brevets d'inventions, ressortissent aux tribunaux industriels.

Jusqu'à ce que l'organisation de ces tribunaux industriels soit accomplie, les dites actions seront traitées devant les tribunaux ordinaires.

Art. 54. — Si la demande est dirigée en même temps contre le possesseur du brevet et contre un ou plusieurs cessionnaires partiels, l'affaire sera traitée au domicile du possesseur principal.

Art. 55. — Les actions civiles se feront suivant la voie ordinairement prescrite. Les réclamations criminelles se feront d'après les règles du code pénal.

Art. 56. — Dans toute action judiciaire entraînant la nullité d'un brevet le ministère public pourra intervenir.

Art. 57. — Dans le cas du précédent article, tous les mandataires du possesseur, inscrits dans le registre du Conservatoire des Arts, doivent être cités devant le tribunal.

Art. 58. — Aussitôt que sera déclarée la nullité d'un brevet, le tribunal en notifiera la sentence au Conservatoire des Arts, afin de la lui faire prendre en note ; et la nullité ou la déchéance sera publiée dans la *Gazeta de Madrid* dans les mêmes termes et délais que la loi ordonne sur les brevets d'invention.

Les gouverneurs civils reproduiront dans les bulletins officiels de leurs provinces ces déclarations de nullité et veilleront à ce que les annotations respectives se fassent dans les registres des brevets.

TITRE XI

DISPOSITIONS TRANSITOIRES

Art. 59. — A dater du jour où cette loi sera mise en exécution, seront abrogées toutes les dispositions antérieures relatives aux brevets d'invention, d'importations et de perfectionnement.

Art. 60. — Les brevets d'invention, d'importation et de perfectionnement, actuellement en force, qui ont été obtenus en vertu des lois antérieures, conserveront leur force et valeur pour le temps qu'ils ont été accordés.

Art. 61. — Les demandes de brevets, adressées avant la publication de cette loi, seront traitées d'après les lois antérieures; mais les intéressés pourront choisir la durée et la forme de payement accordée par cette loi.

Art. 62. — Tout acte d'usurpation, de falsification et de nullité d'un brevet, établit à une date postérieure à la promulgation de cette loi, sera traité conformément à cette loi.

Charleville, Typ. et Lith. de A. Pouillard, rue Napoléon, 22.

OUVRAGES DU MÊME AUTEUR

A SON OFFICE INDUSTRIEL

15, RUE DES HALLES, ENTRÉE RUE DES DÉCHARGEURS, 11

PARIS

	PRIX
Le Chaudronnier (Encyclopédie RORET) revu et corrigé.....	**5** » »
Le Terrassier (Encyclopédie RORET) considérablement augmenté, avec planches....................................	**5** » »
Les Machines à vapeur. — La Métallurgie et ses Machines-Outils en 1867; 1er prix de la Société des Anciens Élèves des Écoles d'Arts et Métiers *(Édition épuisée)*.	
Études sur les engrenages à dents héliçoïdes en forme de chevrons....................................	**3** » »
Compteur à eau (Mémoire descriptif du) **sans pression**, système D.-A. CASALONGA..........................	**2** » »
Presse continue (Mémoire sur la) **réalisant le travail même de la presse hydraulique**, par D.-A. CASALONGA	**2** » »
Série ou Éléments proportionnels de Constructions, grand in-4o, avec texte et 64 planches, pour les Constructeurs-Mécaniciens, Chefs de Travaux, Dessinateurs................	**25** » »
Mémoire sur l'unification internationale des Séries de Pas de Vis et de divers autres Organes de Construction (Communication au Congrès international du Génie civil)	**2** » »
Rapport sur l'enseignement du dessin élémentaire	» » » »
Guide des Inventeurs en France..........................	**3** » »
Id. id. en Belgique........................	**2** » »
Id. id. en Espagne (Loi nouvelle)..........	**2** » »
Études sur les autres Législations étrangères, concernant la propriété industrielle (Sous presse).	

www.ingramcontent.com/pod-product-compliance
Ingram Content Group UK Ltd.
Pitfield, Milton Keynes, MK11 3LW, UK
UKHW021035220726
13924UKWH00001B/333